Piraten

Text von Angelika Krempl und Tino Richter

Illustriert von Christine Ott und Karl-Heinz Höllering

---

www.bennyblu.de

Besuche gemeinsam mit Benny Blu die furchtlosen Piraten!

Wer waren die Piraten? Wie war das Leben auf dem Schiff? Und wo versteckten sie ihre Schätze?

Piraten waren diebische Seefahrer: Sie überfielen andere Schiffe und plünderten sie aus.

Auch heutzutage gibt es noch Piraten. Doch die meisten lebten vor vielen, vielen Jahren. Auf ihren Schiffen wehte oft die Totenkopfflagge.

Damals wollten viele Jungen Pirat werden. Sie verließen ihr Zuhause und lebten fortan auf dem Meer.

Sie nahmen alles Wertvolle mit: Gold, Silber und Edelsteine.

Die Beute teilten sie untereinander auf. Der Kapitän war der Chef. Er bekam meist den größten Anteil.

Manche Piraten vergruben ihre Beute. Das Versteck zeichneten sie auf einer Schatzkarte ein.

Hoch oben am Schiffsmast befand sich der Ausguck. Dort hielt ein Pirat Wache.

Mit seinem Fernrohr sah er andere Schiffe schon aus weiter Entfernung.

Das Leben auf dem Meer war hart. Die Piraten mussten in unbequemen Hängematten schlafen.

Auch Benny Blu hilft mit. Findest du ihn?

Besonders beliebt waren Papageien. Viele Piraten besaßen so einen Vogel.

Viele sind bis zum Rand mit Kostbarkeiten gefüllt.

Weitere Titel

Bei **Benny Blu Bambini** findet ihr auch diese Bücher ...

   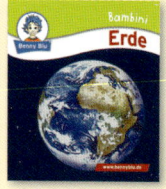

... und noch viele, viele mehr!